الإعلان العالمي لحقوق الإنسان

الإعلان العالمي لحقوق الإنسان

نشر من قبل الأمم المتحدة
نيويورك، نيويورك 10017، الولايات المتحدة الأمريكية

توجه جميع الإستفسارات عن الحقوق والتراخيص الى العنوان التالي
United Nations Publications
300 East 42nd Street
New York, New York 10017
United States of America

البريد الإلكتروني : publications@un.org

الموقع الإلكتروني : shop.un.org

يرجى إرسال طلبات إعادة الطبع أو إعادة النشر الى البريد الإلكتروني التالي
permissions@un.org

الإعلان العالمي لحقوق الإنسان
ISBN: 978-92-1-400055-6

منشورات الأمم المتحدة

مقدمــة

كان الإعلان العالمي لحقوق الإنسان، الذي اعتمدته الجمعية العامة للأمم المتحدة في ١٠ كانون الأول/ديسمبر ١٩٤٨، في قصر شايو في باريس، فرنسا، رداً مباشراً على المصائب والأعمال الوحشية التي مرّت بها شعوب العالم خلال الحرب العالمية الثانية. وهو تجسيد لقيم عالمية تتسم بتجاوز حدود الثقافات والدول والمناطق، ويعلن فيه الحقوق غير القابلة للتصرف لجميع البشر بغض النظر عن العرق، أو اللون، أو الدين، أو الجنس، أو اللغة، أو الرأي السياسي أو غير السياسي، أو الأصل القومي أو الاجتماعي، أو الثروة، أو الميلاد. يتكون النص من ٣٠ مادة.

في حزيران/يونيه ١٩٤٦، في أعقاب الصراع الأكثر دموية في العالم على الإطلاق، أنشأ المجلس الاقتصادي والاجتماعي للأمم المتحدة الذي أُنشئ حديثاً لجنة حقوق الإنسان، التي تتألف من ١٨ عضواً من مختلف الجنسيات والخلفيات السياسية. وهي هيئة دائمة للأمم المتحدة، وتشكّلت هذه اللجنة لتصوير وصياغة النص، وأنشأت لجنة خاصة لصياغة الإعلان العالمي لحقوق الإنسان، برئاسة إليانور روزفلت، لكتابة مواد الإعلان. اجتمعت لجنة الصياغة في دورتين على مدى عامين.

كُلّف الكندي جون بيترز همفري، مدير شعبة حقوق الإنسان بالأمانة العامة للأمم المتحدة، من قبل الأمين العام للأمم المتحدة للعمل على المشروع. وبعد وقت قريب انضم معه خبراء آخرون معروفون إلى اللجنة، ومنهم رينيه كاسين من فرنسا، وشارل مالك من لبنان، وبنغ تشون تشانغ من الصين، ووليام هودجسون من أستراليا، وهيرنان سانتا كروز من شيلي، وألكسندر بوغومولوف من الاتحاد السوفياتي،

وتشارلز ديوكس من المملكة المتحدة. وقدم السيد همفري مشروع مسودة نص العمل الأوّلي الذي أصبح نص عمل اللجنة.

عندما انتهت لجنة الصياغة من عملها في أيار/مايو ١٩٤٨، نوقش المشروع من قبل لجنة حقوق الإنسان والمجلس الاقتصادي والاجتماعي واللجنة الثالثة التابعة للجمعية العامة، قبل أن يتم طرحه للتصويت في كانون الأول/ديسمبر ١٩٤٨. وخلال هذه العملية أدخلت الدول الأعضاء في الأمم المتحدة العديد من التعديلات والمقترحات.

اليوم، يقف الإعلان العالمي لحقوق الإنسان في طليعة النصوص الأكثر ترجمة في العالم. ويشهد على عالمية ذاته.

الطبعة الحالية، التي تنتجها إدارة الأمم المتحدة لشؤون الإعلام، تحتوي على ثلاثين مادة باللغات الرسمية الست للأمم المتحدة.

الإعــلان العـالمي لـحقوق الإنســان

الديباجــة

لما كان الاعتراف بالكرامة المتأصلة في جميع أعضاء الأسرة البشرية وبحقوقهم المتساوية الثابتة هو أساس الحرية والعدل والسلام في العالم،

ولما كان تناسي حقوق الإنسان وازدراؤها قد أفضيا إلى أعمال همجية آذت الضمير الإنساني. وكان غاية ما يرنو إليه عامة البشر انبثاق عالم يتمتع فيه الفرد بحرية القول والعقيدة ويتحرّر من الفزع والفاقة،

ولما كان من الضروري أن يتولى القانون حماية حقوق الإنسان لكيلا يضطر المرء آخر الأمر إلى التمرد على الاستبداد والظلم،

ولما كان من الجوهري تعزيز تنمية العلاقات الودية بـين الدول،

ولما كانت شعوب الأمم المتحدة قد أكدت في الميثاق من جديد إيـمانها بحقوق الإنسان الأساسية وبكرامة الفرد وقدره وبما للرجال والنساء من حقوق متساوية وحزمت أمرها على أن تدفع بالرقي الاجتماعي قدماً وأن ترفع مستوى الحياة في جو من الحرية أفسح،

ولما كانت الدول الأعضاء قد تعهدت بالتعاون مع الأمم المتحدة على ضمان اطراد مراعاة حقوق الإنسان والحريات الأساسية واحترامها،

ولما كان للإدراك العام لهذه الحقوق والحريات الأهمية الكبرى للوفاء التام بهذا التعهد،

فإن

الجمعية العامة

تنادي

بهذا الإعلان العالمي لحقوق الإنسان

على أنه المستوى المشترك الذي ينبغي أن تستهدفه كافة الشعوب والأمم حتى يسعى كل فرد وهيئة في المجتمع، واضعين على الدوام هذا الإعلان نصب أعينهم، إلى توطيد احترام هذه الحقوق والحريات عن طريق التعليم والتربية واتخاذ إجراءات مطردة، قومية وعالمية، لضمان الاعتراف بها ومراعاتها بصورة عالمية فعَّالة بين الدول الأعضاء ذاتها وشعوب البقاع الخاضعة لسلطانها.

المادة ١

يولد جميع الناس أحراراً متساوين في الكرامة والحقوق، وقد وهبوا عقلاً وضميراً، وعليهم أن يعامل بعضهم بعضاً بروح الإخاء.

المادة ٢

لكل إنسان حق التمتع بكافة الحقوق والحريات الواردة في هذا الإعلان، دون أيّ تمييز، كالتمييز بسبب العنصر أو اللون أو الجنس أو اللغة أو الدين أو الرأي السياسي أو أيّ رأي آخر، أو الأصل الوطني أو الاجتماعي أو الثروة أو الميلاد أو أيّ وضع آخر، دون أيّة تفرقة بين الرجال والنساء. وفضلاً عما تقدم فلن يكون هناك أيّ تمييز أساسه الوضع السياسي أو القانوني أو الدولي للبلد أو البقعة التي ينتمي إليها الفرد سواء كان هذا البلد أو تلك البقعة مستقلاً أو تحت الوصاية أو غير متمتع بالحكم الذاتي أو كانت سيادته خاضعة لأيّ قيد من القيود.

المادة ٣

لكل فرد الحق في الحياة والحرية وسلامة شخصه.

المادة ٤

لا يجوز استرقاق أو استعباد أيّ شخص. ويحظر الاسترقاق وتجارة الرقيق بكافة أوضاعهما.

المادة ٥

لا يعرَّض أيّ إنسان للتعذيب ولا للعقوبات أو المعاملات القاسية أو الوحشية أو الحاطة بالكرامة.

المادة ٦

لكل إنسان أينما وجد الحق في أن يعترف بشخصيته القانونية.

المادة ٧

كل الناس سواسية أمام القانون ولهم الحق في التمتع بحماية متكافئة منه دون أيّة تفرقة، كما أن لهم جميعاً الحق في حماية متساوية ضد أيّ تمييز يُخل بهذا الإعلان وضد أيّ تحريض على تمييز كهذا.

المادة ٨

لكل شخص الحق في أن يلجأ إلى المحاكم الوطنية لإنصافه عن أعمال فيها اعتداء على الحقوق الأساسية التي يمنحها له القانون.

المادة ٩

لا يجوز القبض على أيّ إنسان أو حجزه أو نفيه تعسفاً.

المادة ١٠

لكل إنسان الحق، على قدم المساواة التامة مـع الآخرين، في أن تنظر قضيته أمام محكمة مستقلة نزيهة نظراً عادلاً علنياً للفصل في حقوقه والتزاماته وأية تهمة جنائية توجه إليه.

المادة ١١

١ - كل شخص متهم بجريمة يعتبر بريئاً إلى أن تثبت إدانته قانوناً بمحاكمة علنية تؤمن له فيها الضمانات الضرورية للدفاع عنه.

٢ - لا يدان أيّ شخص من جراء أداء عمل أو الامتناع عن أداء عمل إلاّ إذا كان ذلك يعتبر جرماً وفقاً للقانون الوطني أو الدولي وقت الارتكاب، كذلك لا توقع عليه عقوبة أشد من تلك التي كان يجوز توقيعها وقت ارتكاب الجريمة.

المادة ١٢

لا يعرَّض أحد لتدخل تعسفي في حياته الخاصة أو أسرته أو مسكنه أو مراسلاته أو لحملات على شرفه وسمعته. ولكل شخص الحق في حماية القانون من مثل هذا التدخل أو تلك الحملات.

المادة ١٣

١ - لكل فرد حرية التنقل واختيار محل إقامته داخل حدود كل دولة.

٢ - يحق لكل فرد أن يغادر أيّة بلاد بما في ذلك بلده كما يحق له العودة إليه.

المادة ١٤

١ - لكل فرد الحق أن يلجأ إلى بلاد أخرى أو يحاول الالتجاء إليها هرباً من الاضطهاد.

٢ - لا ينتفع بهذا الحق من قدم للمحاكمة في جرائم غير سياسية أو لأعمال تناقض أغراض الأمم المتحدة ومبادئها.

المادة ١٥

١ - لكل فرد حق التمتع بجنسية ما.

٢ - لا يجوز حرمان شخص من جنسيته تعسفاً أو إنكار حقه في تغييرها.

المادة ١٦

١ - للرجل والمرأة متى بلغا سن الزواج حق التزوج وتأسيس أسرة دون أيّ قيد بسبب الجنس أو الدين، ولهما حقوق متساوية عند الزواج وأثناء قيامه وعند انحلاله.

٢ - لا يبرم عقد الزواج إلاّ برضى الطرفين الراغبين في الزواج رضى كاملاً لا إكراه فيه.

٣ - الأسرة هي الوحدة الطبيعية الأساسية للمجتمع ولها حق التمتع بحماية المجتمع والدولة.

المادة ١٧

١ - لكل شخص حق التملك بمفرده أو بالاشتراك مع غيره.

٢ - لا يجوز تجريد أحد من ملكه تعسفاً.

المادة ١٨

لكل شخص الحق في حرية التفكير والضمير والدين، ويشمل هذا الحق حرية تغيير ديانته أو عقيدته، وحرية الإعراب عنهما بالتعليم والممارسة وإقامة الشعائر ومراعاتها، سواء أكان ذلك سراً أم جهراً، منفرداً أم مع الجماعة.

المادة ١٩

لكل شخص الحق في حرية الرأي والتعبير، ويشمل هذا الحق حرية اعتناق الآراء دون أيّ تدخل، واستقاء الأنباء والأفكار وتلقيها وإذاعتها بأيّة وسيلة كانت دون تقيد بالحدود الجغرافية.

المادة ٢٠

١ - لكل شخص الحق في حرية الاشتراك في الجمعيات والجماعات السلمية.

٢ - لا يجوز إرغام أحد على الانضمام إلى جمعية ما.

المادة ٢١

١ - لكل فرد الحق في الاشتراك في إدارة الشؤون العامة لبلاده إما مباشرة وإما بواسطة ممثلين يختارون اختياراً حراً.

٢ - لكل شخص نفس الحق الذي لغيره في تقلد الوظائف العامة في البلاد.

٣ - إن إرادة الشعب هي مصدر سلطة الحكومة، ويعبر عن هذه الإرادة بانتخابات نزيهة دورية تجري على أساس الاقتراع السري وعلى قدم المساواة بين الجميع، أو حسب أيّ إجراء مماثل يضمن حرية التصويت.

المادة ٢٢

لكل شخص بصفته عضواً في المجتمع الحق في الضمانة الاجتماعية وفي أن تحقق بوساطة المجهود القومي والتعاون الدولي وبما يتفق ونظم كل دولة ومواردها الحقوق الاقتصادية والاجتماعية والتربوية التي لا غنى عنها لكرامته وللنمو الحر لشخصيته.

المادة ٢٣

١ - لكل شخص الحق في العمل، وله حرية اختياره بشروط عادلة مرضية كما أن له حق الحماية من البطالة.

٢ - لكل فرد دون أيّ تمييز الحق في أجر متساوٍ للعمل.

٣ - لكل فرد يقوم بعمل الحق في أجر عادل مرض يكفل له ولأسرته عيشة لائقة بكرامة الإنسان تضاف إليه، عند اللزوم، وسائل أخرى للحماية الاجتماعية.

٤ - لكل شخص الحق في أن ينشئ وينضم إلى نقابات حماية لمصلحته.

المادة ٢٤

لكل شخص الحق في الراحة، وفي أوقات الفراغ، ولا سيما في تحديد معقول لساعات العمل وفي عطلات دورية بأجر.

المادة ٢٥

١ - لكل شخص الحق في مستوى من المعيشة كاف للمحافظة على الصحة والرفاهية له ولأسرته، ويتضمن ذلك التغذية والملبس والمسكن والعناية الطبية وكذلك الخدمات الاجتماعية اللازمة، وله الحق في تأمين

معيشته في حالات البطالة والمرض والعجز والترمل والشيخوخة وغير ذلك من فقدان وسائل العيش نتيجة لظروف خارجة عن إرادته.

٢ - للأمومة والطفولة الحق في مساعدة ورعاية خاصتين. وينعم كل الأطفال بنفس الحماية الاجتماعية سواء أكانت ولادتهم ناتجة عن رباط شرعي أم بطريقة غير شرعية.

المادة ٢٦

١ - لكل شخص الحق في التعلّم، ويجب أن يكون التعليم في مراحله الأولى والأساسية على الأقل بالمجان، وأن يكون التعليم الأوّلي إلزامياً وينبغي أن يعمم التعليم الفني والمهني، وأن ييسر القبول للتعليم العالي على قدم المساواة التامة للجميع وعلى أساس الكفاءة.

٢ - يجب أن تهدف التربية إلى إنماء شخصية الإنسان إنماءً كاملاً، وإلى تعزيز احترام الإنسان والحريات الأساسية وتنمية التفاهم والتسامح والصداقة بين جميع الشعوب والجماعات العنصرية أو الدينية، وإلى زيادة مجهود الأمم المتحدة لحفظ السلام.

٣ - للآباء الحق الأوّل في اختيار نوع تربية أولادهم.

المادة ٢٧

١ - لكل فرد الحق في أن يشترك اشتراكاً حراً في حياة المجتمع الثقافي وفي الاستمتاع بالفنون والمساهمة في التقدم العلمي والاستفادة من نتائجه.

٢ - لكل فرد الحق في حماية المصالح الأدبية والمادية المترتبة على إنتاجه العلمي أو الأدبي أو الفني.

المادة ٢٨

لكل فرد الحق في التمتع بنظام اجتماعي دولي تتحقق بمقتضاه الحقوق والحريات المنصوص عليها في هذا الإعلان تحققاً تامـاً.

المادة ٢٩

١ - على كل فرد واجبات نحو المجتمع الذي يتاح فيه وحده لشخصيته أن تنمو نمواً حــراً كاملاً.

٢ - يخضع الفرد في ممارسته حقوقه وحرياته لتلك القيود التي يقررها القانون فقط، لضمان الاعتراف بحقوق الغير وحرياته واحترامها ولتحقيق المقتضيات العادلة للنظام العام والمصلحة العامة والأخلاق في مجتمع ديمقراطي.

٣ - لا يصح بحال من الأحوال أن تمارس هذه الحقوق ممارسة تتناقض مع أغراض الأمم المتحدة ومبادئها.

المادة ٣٠

ليس في هذا الإعلان نص يجوز تأويله على أنه يخول لدولة أو جماعة أو فرد أيّ حق في القيام بنشاط أو تأدية عمل يهدف إلى هدم الحقوق والحريات الواردة فيه.